楽しい算数ワーク

小学 3 年生

岩村繁夫

いかだ社

も く じ

はじめに

苦手を克服し自信をもたせましょう

　最近の学校の先生たちはあまりにも多忙で授業の準備をする時間がなかなかとれません。子どもたちとふれ合いたい、質の高い授業をしたいと希望にあふれた新人の先生たちの中にも、1年以内に退職してしまう先生がたくさんいます。そんな先生たちの役に立ちたい、そして子どもたちが少しでも算数を好きになり、算数に自信をもってほしいと思い、本書をつくりました。

　本書は3年生に配当された単元の中から重要単元だけを取り上げ、さらにその単元のポイントを1ページ1ページに絞りこみました。7つの単元の前には、学習する際に読んでいただきたいことを解説としてまとめました。さらに、解答欄にも簡単なアドバイスを入れました。

　計算問題などは練習量をあまり多くせず、分類した上でそれぞれの型の代表となるものを出題してあります。そうすることで、どのような型の問題が苦手なのかがわかり、それを克服することで自信をもって計算ができるようになります。

　また、子どもたちの集中力は思うほど長く続かないものです。このワークブックも1ページを5〜10分程度でできるようにつくりました。

　学校の朝学習の時間や学童クラブの帰宅前の時間、ご家庭では夕食の前のちょっとした時間など、すきまの時間に楽しく使ってもらえたらありがたいです。

岩村繁夫

単元の解説
かけ算

最初の単元

算数の教科書は6社が発行しています。その全社とも、3年生の最初の単元は「かけ算」です。2年生の最重要単元である「かけ算」の復習と定着をねらったものと思われます。3年生の学習内容には、かけ算の理解が欠かせないからです。しかし、教科書によっては、この3年生の最初の単元に盛りだくさんな内容を詰め込み過ぎているものもあります。

具体的には、結合法則を扱っている教科書、20×3 や 200×7 を扱っている教科書、わり算で学習すべき $\square \times 3 = 27$ の $\square$ を求める問題まで扱っている教科書もあります。

3年生に進級し、子どもたちの中には、「今年こそ算数をがんばりたい」と思っている子も少なくないことでしょう。最初のこの単元で子どもたちの意欲をそぐことのないよう、十分に気をつけ、「算数が楽しい！」「今年は算数、がんばれそう」と思えるような学習にしたいものです。

指九九

楽しい九九の覚え方の1つ、「指九九」を紹介します。9の段は指を使って求められます。

①両手を広げて、
　　左から順に番号をつけます。

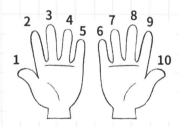

②9の段のかける数（乗数）の
　　番号を曲げます。

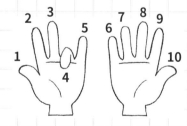

③曲げた指の左が十の位、右が一の位になります。②の絵は4を曲げたので、左に指が3本あります。右に指が6本あります。だから「$9 \times 4 = 36$」です。

勉強した日 －－－－－－－－－－－－－－－－ 月 　　　 日

名前

1 答えが同じかけ算を見つけて、線で結びましょう。

① 7 × 4 ・　　　　　・ ❶ 3 × 9

② 6 × 7 ・　　　　　・ ❷ 3 × 8

③ 9 × 3 ・　　　　　・ ❸ 4 × 7

④ 8 × 5 ・　　　　　・ ❹ 5 × 8

⑤ 8 × 3 ・　　　　　・ ❺ 7 × 6

2 □の中に数や式を書きましょう。

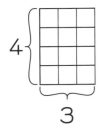 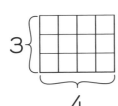

① 4 × 3 は、 □ × □ と
同じ答えです。

② 6 × 3 は、 3 × □ と同じ答えです。

③ 9 × 6 = 6 × □ 　　　 ④ 8 × 3 = 3 × □

⑤ 7 × 3 = 3 × □ 　　　 ⑥ 6 × 4 = 4 × □

⑦ 8 × 4 = □ × 8 　　　 ⑧ 9 × 3 = □ × 9

⑨ 9 × 4 = ▭ 　　　 ⑩ 8 × 5 = ▭

⑪ 7 × 4 = ▭ 　　　 ⑫ 6 × 5 = ▭

勉強した日 　　　　　　　　月　　　　日

名前

1 下のように、9のだんの答えの十の位と一の位の数をたすと、いつでも9になるようです。
本当にそうなのか考えてみましょう。

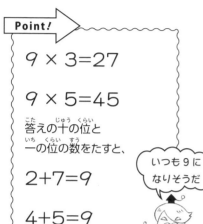

Point!

$9 \times 3 = 27$

$9 \times 5 = 45$

答えの十の位と
一の位の数をたすと、

$2+7=9$

$4+5=9$

いつも9に
なりそうだ

　　　　　　　　　　十の位　一の位　あわせると

① $9 \times 4 = \boxed{36}$　　$\boxed{3}$ + $\boxed{6}$ = $\boxed{9}$

② $9 \times 6 = \boxed{}$　　$\boxed{}$ + $\boxed{}$ = $\boxed{}$

③ $9 \times 7 = \boxed{}$　　$\boxed{}$ + $\boxed{}$ = $\boxed{}$

④ $9 \times 8 = \boxed{}$　　$\boxed{}$ + $\boxed{}$ = $\boxed{}$

⑤ $9 \times 9 = \boxed{}$　　$\boxed{}$ + $\boxed{}$ = $\boxed{}$

2 □の中に答えを書きましょう。

① $2 \times 2 = 4$です。　$1 \times 3 = \boxed{}$

② $3 \times 3 = 9$です。　$2 \times 4 = \boxed{}$

③ $4 \times 4 = \boxed{}$　$3 \times 5 = \boxed{}$

④ $5 \times 5 = \boxed{}$　$4 \times 6 = \boxed{}$

⑤ $6 \times 6 = \boxed{}$　$5 \times 7 = \boxed{}$

⑥ $7 \times 7 = \boxed{}$　$6 \times 8 = \boxed{}$

⑦ $8 \times 8 = \boxed{}$　$7 \times 9 = \boxed{}$

⑧ $9 \times 9 = \boxed{}$　$8 \times 10 = \boxed{}$

同じ数のかけ算の答えは、
その前と後の数の
かけ算の答えより、
1つ大きい数に
なってるね

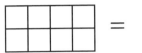

かけ算3

勉強した日 　　　　　月　　　日

名前

1 □の中に数を書きましょう。

① 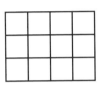 =  +

2×4 = 2×3 + $\boxed{2}$

② = −

3×4 = 3×5 − $\boxed{}$

Point!

$6 \times 5 = 30$ だから

30 に 6 をたせば

6×6 の答えがわかります。

2 □の中に答えを書きましょう。

① $6 \times 5 = \boxed{30}$　　　⑥ $7 \times 5 = \boxed{35}$　　　⑪ $8 \times 5 = \boxed{40}$

② $6 \times 6 = \boxed{}$　　　⑦ $7 \times 6 = \boxed{}$　　　⑫ $8 \times 6 = \boxed{}$

③ $6 \times 7 = \boxed{}$　　　⑧ $7 \times 7 = \boxed{}$　　　⑬ $8 \times 7 = \boxed{}$

④ $6 \times 8 = \boxed{}$　　　⑨ $7 \times 8 = \boxed{}$　　　⑭ $8 \times 8 = \boxed{}$

⑤ $6 \times 9 = \boxed{}$　　　⑩ $7 \times 9 = \boxed{}$　　　⑮ $8 \times 9 = \boxed{}$

1 九九表の一部です。□に入る数を書きましょう。

①
1	2	3
2	4	6
3	6	9

②
6	9	12
8	12	
10	15	20

③
42	49	56
48	56	64
54	63	

④
2	
3	6

⑤
3		9
4	8	12

⑥
12	15
16	20
	25

⑦
25	30
	36

⑧
	48	54

⑨
14
21

⑩
	21
16	24

⑪
36	42	

⑫
	45	54

⑬
64	

⑭
		81

⑮
49

時こくと時間

時計の読み方は難しい

　時計の読み方はやさしくありません。次のような理由があります。

①時計の文字盤は数直線を丸めたもの。数直線そのものの理解も難しく、さらに文字盤に書かれている数字は時針用で、分針の目盛りがない。

②針が2本、秒針も入れたら3本。それらが常に動いているので子どもたちはなかなか時刻を把握できない。

③そもそも子どもたちに分針は必要なのだろうか。学校に出かける時刻や休み時間が終わる時刻は分刻みで読めたほうがいいが、遊ぶ時には1分2分を気にせずに夢中になって遊んでほしいものだ。ちなみに、ゼンマイ時計ができた当時のヨーロッパには分針がなく、針は1本だった。今の子どもたち同様、あまり細かい時刻は気にならなかったのかもしれない。

④わたしたちの身の回りにはデジタル時計がずいぶん増えた。そろばんの習熟を学校に求めなくなったように、アナログ時計の読み方も学校で扱わない時代が近づいているような気がする。

　時計が読めない子どもたちの気持ちをよく理解した上で、指導にあたってほしいものです。

このワークの工夫

　このワークには、単針時計を用いて短針と長針を別々に読む練習を入れました。また、文章問題を時刻と時間の関わり方をもとに分類してみました。時間と時刻の関わりが理解できると文章問題をすっきり解くことができるからです。一方、時間と時刻の区別はなかなか難しいものです。時間は量であり、時刻は刻々と変化する位置ですが、わたしたち大人も生活の中で、「仕事に行く時間だ」のようにいい、はっきり区別していません。そこでこのワークでは、できるだけ時間には「間」をつけてみました。

1 短い針だけの時計です。何時でしょう。2時と3時の間にある時は2時です。

①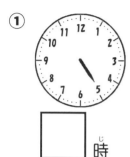

□ 時

②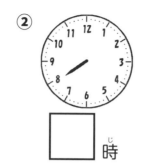

□ 時

③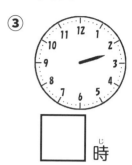

□ 時

2 長い針だけの時計です。何分でしょう。

①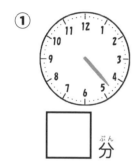

□ 分

②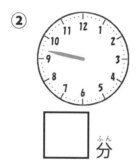

□ 分

③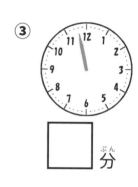

□ 分

3 何時何分でしょう。

①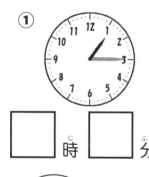

□ 時　□ 分

②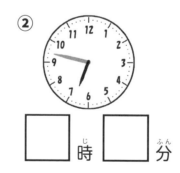

□ 時　□ 分

③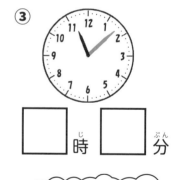

□ 時　□ 分

数字が出ているから、
10時35分って
すぐにわかるね

針が2本もあるし、
どこにも35って出てないね

Point! ➡

針のある時計は、短い針と長い針をべつべつに見ると読みやすくなります。

単元 時こくと時間
時こくと時間 2

1 □にあてはまる数を書きましょう。

① 1分間は □ 秒間です。

② 2分間は □ 秒間です。

③ 3分間 = □ 秒間

④ 1時間 = □ 分間

⑤ 2時間 = □ 分間

⑥ 1日は □ 時間です。

⑦ 1年間は □ か月です。

2 左の時間はどのくらいでしょう。右からえらんで線で結びましょう。

① ねている時間 ・

② 1日の半分 ・

③ 給食の時間 ・

④ 学校のそうじの時間 ・

⑤ 朝学校についてから 2時間目が 終わるまでの時間 ・

⑥ 50mを走る時間 ・

⑦ 『どんぐりころころ』を 3番まで歌う時間 ・

・ ❶ 10秒間

・ ❷ 40分間

・ ❸ 8時間

・ ❹ 40秒間

・ ❺ 2時間

・ ❻ 12時間

・ ❼ 15分間

勉強した日 _____ 月 ____ 日

名前

1 問題を読んで、式と答えを書きましょう。

① 〈時間〉と〈時間〉のたし算の問題

20 分間、国語の勉強をしました。続けて 30 分間、算数の勉強をしました。合わせて何分間勉強しましたか。

式 _____ 答え _____

② 〈時間〉と〈時間〉のひき算の問題

ひろし君は公園で 2 時間 40 分遊びました。たかし君は校庭で 1 時間 20 分遊びました。ひろし君はたかし君よりどのくらい長く遊びましたか。

式 _____ 答え _____

③ 〈時こく〉と〈時こく〉の間の〈時間〉をもとめる問題

朝、7 時 30 分に家を出たら学校に 7 時 53 分に着きました。何分間かかったでしょう。

式 _____ 答え _____

④ 〈時こく〉に〈時間〉をたして、〈時こく〉をもとめる問題

5 時 12 分から 30 分間だけ、マンガを読んでいいといわれました。何時何分に読むのをやめればいいでしょう。

式 _____ 答え _____

⑤ 〈時こく〉から〈時間〉をひいて、〈時こく〉をもとめる問題

けんじ君がおふろから出た時、時こくは 6 時 50 分でした。けんじ君は 45 分間おふろに入っていました。けんじ君がおふろに入ったのは何時何分でしょう。

式 _____ 答え _____

単元の解説

わり算

演算決定

　1年生でたし算とひき算を学習し、2年生でかけ算を学習し、3年生で四則の最後の
わり算を学習します。これ以降、文章問題を解く際の演算決定（何算を使うのかを判断
する）が一段と難しくなります。つまり、どういう場面でかけ算を用い、どういう場面
でわり算を用いるのかを明確に区別できる力が必要になってきます。

　学校で使われている市販のテストには、「わり算」「かけ算の筆算」などのタイトルが
ついているので、中にはそのタイトルに合わせて演算決定をしている子もいますが、か
け算とわり算の問題が混ざっていても判断できなければ演算決定の力が身についたとは
いえません。単元末のテストでよい点数が取れたとしても安心できないのです。

かけ算とわり算の関係

　かけ算…・同じ数ずつ並んでいる時に、全部の数を
　　　　　　求めることができる。

　わり算…・同じずつ分ける時に、1あたりの数を
　　　　　　求めることができる。（等分除）

　　　　　・1あたりの数が決まっている時に、その
　　　　　　数ずつ分けると、何人分になるかを求める
　　　　　　ことができる。（包含除）

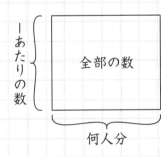

　かけ算・わり算の意味と右の図のようなイメージをもつ事が大切です。これらは身近
にある具体的なものを同じに分ける操作を通して初めて身につきます。

　ワークブックではできないことなので、ぜひ、ご家庭や学校などで操作活動をさせて
あげてください。

1 わり算が使える分け方はどちらでしょう。( ) に〇を書き、わり算の式を書きましょう。

① 12 このイチゴを 4 人で同じずつ分けます。
1 人分はいくつでしょう。

式 _____

❶ (　　　　　　　)

❷ (　　　　　　　)

② 18 このイチゴを 6 人で同じずつ分けます。
1 人分はいくつでしょう。

式 _____

❶ (　　　　　　　)

❷ (　　　　　　　)

2 式と答えを書きましょう。

① 8 このクッキーを 4 人で同じずつ分けます。1 人分はいくつでしょう。

式 _____　　　答え _____

② 8 このクッキーがあります。4 こ食べたらのこりはいくつでしょう。

式 _____　　　答え _____

③ 8 人の子がいます。1 人に 4 こずつクッキーをあげます。クッキーをいくつ用意すればいいでしょう。

式 _____　　　答え _____

1 わり算の答えをもとめましょう。

①

$6 ÷ 2 =$

②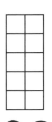

$10 ÷ 2 =$

③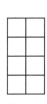

$8 ÷ 2 =$

④ $12 ÷ 3 =$

⑤ $18 ÷ 3 =$

⑥ $21 ÷ 3 =$

⑦ $16 ÷ 4 =$

⑧ $20 ÷ 4 =$

⑨ $32 ÷ 4 =$

⑩ $15 ÷ 5 =$

⑪ $35 ÷ 5 =$

⑫ $40 ÷ 5 =$

⑬ $12 ÷ 6 =$

⑭ $24 ÷ 6 =$

⑮ $54 ÷ 6 =$

⑯ $14 ÷ 7 =$

⑰ $35 ÷ 7 =$

⑱ $63 ÷ 7 =$

⑲ $24 ÷ 8 =$

⑳ $40 ÷ 8 =$

㉑ $56 ÷ 8 =$

㉒ $27 ÷ 9 =$

㉓ $54 ÷ 9 =$

㉔ $72 ÷ 9 =$

単元 **わり算**
わり算 3

勉強した日 　　　　　　月　　　日

名前

1 わり算をしながら、スタートからゴールまで、通りぬけましょう。
ただし、答えが 4 にならないところは通れません。

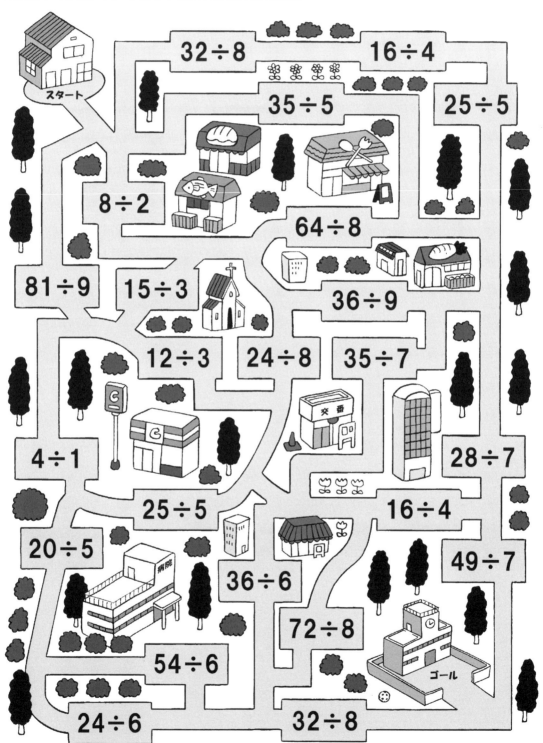

1 計算をして、答えが 5 になるわり算を赤、
7 になるわり算を青でぬりましょう。

何がでて
くるのかな？

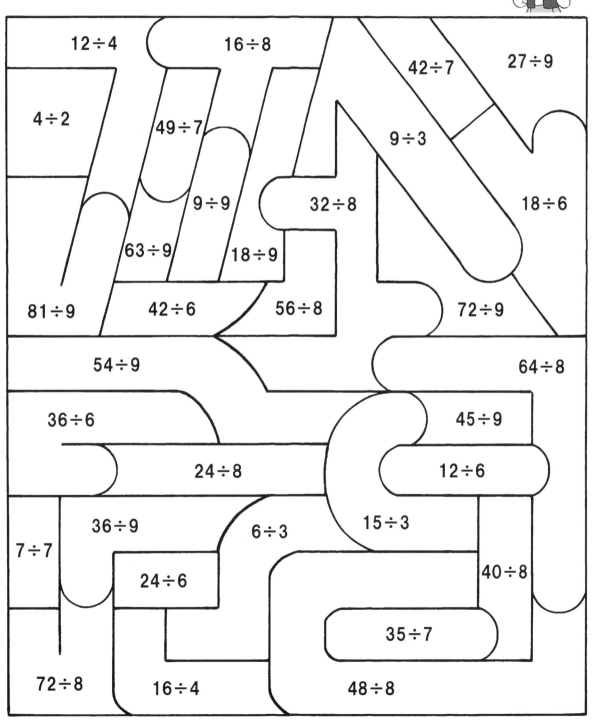

わり算5

勉強した日　　　月　　日

名前

1 問題文と図、図と式、式と答えを線で結びましょう。

〈問題文〉

① 12このキャンディを
3人で同じずつ分けます。
1人分はいくつでしょう。

② 12このキャンディを
1人に3こずつ分けます。
何人分になるでしょう。

③ 4人の子がいます。
1人に3こずつキャンディ
をあげます。キャンディは
全部でいくつでしょう。

●　　　　　●　　　　　●

●　　　　　●　　　　　●

〈図〉

❶

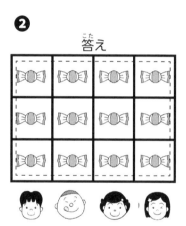

答え{

❷

答え

❸

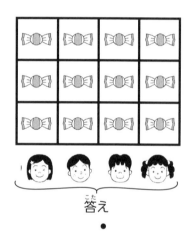

答え

●　　　　　●　　　　　●

●　　　　　●　　　　　●

〈式〉

(1) 1人あたり3こ×4人分　　**(2)** 12こ÷3人分　　**(3)** 12こ÷1人あたり3こ

●　　　　　●　　　　　●

〈答え〉

(ア) 4人分　　　　**(イ)** 12こ　　　　**(ウ)** 1人分4こ

たし算とひき算の筆算

補助数字のつけ方

「302－5」は、＜繰り下がりのあるひき算＞です。

隣のお父さんから借りることができないので、その左のおじいさんから借ります。

それでこのタイプのひき算を「おじいさん型ひき算」といったり、2回繰り下がるので「繰り繰り下がりのひき算」といったりしています。このタイプの繰り下がりの仕方は次のようになります。

① 2から5は引けないので、百の位の3を2に減らす。

②百の位からもらった1を、十の位の10に両替する。

③十の位の10を9に減らす。

④十の位からもらった1を、一の位の10に両替する。

授業では、まず具体物を操作しながら学習し、意味を理解させます。

次の段階は、①～④のような流れを自分の言葉で唱えながら、筆算に補助数字を記入します。補助数字のつけ方には他に次のようなものがあります。

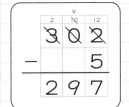 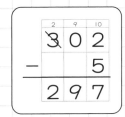 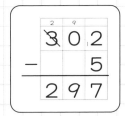

補助数字記入欄

はじめは補助数字を書く欄を指定してあげたほうが、子どもたちのつまずきがぐんと少なくなります。そこでこのワークブックでは、ひき算の筆算の上部に補助数字記入欄を設けました。たし算の繰り上がりの補助数字は上に書く場合と下に書く場合があります。

本書ではかけ算の筆算に合わせて下に記入欄を設けましたが、お子さんのやりやすいように記入させてください。

1 計算しましょう。（くり上がりなし）

①
```
  243
+ 124
```

②
```
  316
+ 572
```

③
```
  294
+ 305
```

④
```
  576
+ 321
```

⑤
```
  920
+  44
```

⑥
```
  806
+  90
```

2 計算しましょう。（くり上がり１回）

①
```
  239
+ 621
```

②
```
  568
+ 304
```

③
```
  717
+ 136
```

④
```
  167
+ 381
```

⑤
```
  354
+ 275
```

⑥
```
  442
+ 485
```

1 計算しましょう。(くり上がり2回)

①
```
   3 5 4
 + 5 6 9
```

②
```
   5 6 4
 + 2 9 8
```

③
```
   3 5 7
 + 4 9 7
```

④
```
   2 7 6
 + 2 2 8
```

⑤
```
   5 3 6
 +   6 7
```

⑥
```
   4 0 5
 +   9 6
```

2 計算しましょう。(答えが4けた)

①
```
   7 4 7
 + 4 3 2
```

②
```
   8 7 2
 + 9 0 1
```

③
```
   6 5 2
 + 3 5 3
```

④
```
   7 7 7
 + 2 7 4
```

⑤
```
   8 5 8
 + 1 7 6
```

⑥
```
   9 6 4
 +   3 9
```

単元 **たし算とひき算の筆算**
たし算とひき算３

勉強した日 ＿＿＿＿＿＿＿ 月＿＿ 日＿＿

名前

1 計算しましょう。(くり下がりなし)

①

$$\begin{array}{r} 486 \\ -225 \\ \hline \end{array}$$

②

$$\begin{array}{r} 723 \\ -401 \\ \hline \end{array}$$

③

$$\begin{array}{r} 927 \\ -614 \\ \hline \end{array}$$

2 計算しましょう。(くり下がり１回)

①

$$\begin{array}{r} 616 \\ -293 \\ \hline \end{array}$$

②

$$\begin{array}{r} 727 \\ -385 \\ \hline \end{array}$$

③

$$\begin{array}{r} 865 \\ -272 \\ \hline \end{array}$$

④

$$\begin{array}{r} 951 \\ -419 \\ \hline \end{array}$$

⑤

$$\begin{array}{r} 543 \\ -326 \\ \hline \end{array}$$

⑥

$$\begin{array}{r} 772 \\ -357 \\ \hline \end{array}$$

1 計算しましょう。（くり下がり 2 回）

①
```
  5 2 2
- 3 3 4
```

②
```
  6 3 1
- 2 5 4
```

③
```
  7 1 6
- 4 4 9
```

④
```
  9 4 5
- 3 6 6
```

⑤
```
  4 3 1
-   4 2
```

⑥
```
  6 5 7
-   8 9
```

2 計算しましょう。（0 からひく）

①
```
  7 2 0
- 3 1 4
```

②
```
  8 5 0
- 1 8 3
```

③
```
  8 0 2
- 5 1 9
```

1 計算しましょう。(00 からひく)

①
$$\begin{array}{r} 4\,0\,0 \\ -\,2\,6\,9 \\ \hline \end{array}$$

②
$$\begin{array}{r} 7\,0\,0 \\ -\,3\,7\,8 \\ \hline \end{array}$$

③
$$\begin{array}{r} 9\,0\,0 \\ -\,5\,6\,7 \\ \hline \end{array}$$

④
$$\begin{array}{r} 6\,0\,0 \\ -\,2\,9\,3 \\ \hline \end{array}$$

⑤
$$\begin{array}{r} 3\,0\,0 \\ -\quad 8\,7 \\ \hline \end{array}$$

⑥
$$\begin{array}{r} 2\,0\,0 \\ -\quad 9\,9 \\ \hline \end{array}$$

2 計算しましょう。(1000 からひく)

①
$$\begin{array}{r} 1\,0\,0\,0 \\ -\quad 4\,2\,7 \\ \hline \end{array}$$

②
$$\begin{array}{r} 1\,0\,0\,0 \\ -\quad 2\,0\,1 \\ \hline \end{array}$$

③
$$\begin{array}{r} 1\,0\,0\,0 \\ -\quad 7\,0\,3 \\ \hline \end{array}$$

1 長さをはかりました。□に単位を書きましょう。

① 教室のつくえの横の長さ　65 □

② 東京スカイツリーの高さ　634 □

③ 1時間に歩ける道のり　4 □

④ 水そうの深さ　30 □

⑤ えんぴつのふとさ　8 □

⑥ ノートのあつさ　3 □

> 高さや深さ、ふとさ、道のりも長さのなかまなんだね

下のわくから、単位をえらんで入れましょう。

cm・m・km・mm

2 次の長さをはかる時、まきじゃくを使うとべんりなのはどれですか。
（　）に〇を書きましょう。

① （　　　） 電柱のまわりの長さ

② （　　　） 遠足で歩いた道のり

③ （　　　） 体育館の横の長さ

④ （　　　） バケツのまわりの長さ

⑤ （　　　） 本のあつさ

⑥ （　　　） ろうかの長さ

3 □にあてはまる数を書きましょう。

① 1km＝ □ m

② 2000m＝ □ km

4 次のまきじゃくのめもりを読みましょう。

ア　　　　　　　　　　　　イ　　　　　　　ウ

70　　80　　90　　**5m**　　10　　20

ア（　　　　　　　　　）イ（　　　　　　　　　）ウ（　　　　　　　　　）

あまりのあるわり算

わり算の筆算

　12 ÷ 4 は九九で答えが見つかりますが、14 ÷ 4 は簡単ではありません。4 × 3 ＝ 12 と 14 － 12 ＝ 2 から、＜ 3 あまり 2 ＞を見つけます。あまりのあるわり算の計算にはかけ算とひき算が必要です。子どもたちはかけ算よりも繰り下がりのあるひき算でよく間違えてしまいます。

$$\begin{array}{r} 62 \\ -\ 56 \\ \hline 6 \end{array}$$

　62 ÷ 8 は、8 × 7 ＝ 56、62 － 56＝6 で＜ 7 あまり 6 ＞を求めます。子どもたちはこの 62 － 56 をノートや計算用紙で右上のような筆算をすることでしょう。これはわり算の筆算の途中に出てくる部分です。

$$8)\overline{\begin{array}{r} 7 \\ 62 \\ 56 \\ \hline 6 \end{array}}$$

　ところが、わり算の筆算は現在、4 年生の学習内容になっています。わたしの経験では、筆算の仕方を教えたほうがあまりの間違いがぐんと少なくなります。わり算の筆算は文科省・学習指導要領外ですが、それでも学校図書と日本文教出版は 3 年生の教科書に紹介しています。

このワークの工夫

　このワークブックでは、

① 8 の段で 7 を見つける。

　　62 ÷ 8＝7 あまり 6

② 62 の下に 8 × 7 の答えを書く。

③ 62 から 56 をひいて 6 を求める。

④「あまり 6」を、商につけたす。

$$\begin{array}{l} 62 ÷ 8 ＝ 7\ \text{あまり}\ 6 \\ -\ 56 \\ \hline 6 \end{array}$$

　という方法をすすめています。

　この方法はかつて学校図書の教科書にも載っていました。

単元 **あまりのあるわり算**
あまりのあるわり算１

れい

$$7 \div 2 = 3 \text{ あまり } 1$$

$$- 6$$
$$\overline{1}$$

【べんりな方法】

① ２のだんの九九で３をみつける。
② ２×３=６　で、７の下の６を書いて、ひき算をするとあまりがみつかる。

1 計算しましょう。

＜２から５のだんまでの九九を使い、くり下がりのひき算のないもの＞

① $5 \div 2 =$

② $7 \div 2 =$

③ $13 \div 2 =$

④ $19 \div 2 =$

⑤ $7 \div 3 =$

⑥ $16 \div 3 =$

⑦ $14 \div 3 =$

⑧ $26 \div 3 =$

⑨ $5 \div 4 =$

⑩ $14 \div 4 =$

⑪ $19 \div 4 =$

⑫ $29 \div 4 =$

⑬ $9 \div 5 =$

⑭ $13 \div 5 =$

⑮ $24 \div 5 =$

⑯ $44 \div 5 =$

1 計算しましょう。

　　＜6から9のだんまでの九九を使い、くり下がりのひき算のないもの＞

① $13 \div 6 =$

② $27 \div 6 =$

③ $45 \div 6 =$

④ $58 \div 6 =$

⑤ $9 \div 7 =$

⑥ $26 \div 7 =$

⑦ $45 \div 7 =$

⑧ $59 \div 7 =$

⑨ $9 \div 8 =$

⑩ $19 \div 8 =$

⑪ $36 \div 8 =$

⑫ $59 \div 8 =$

⑬ $19 \div 9 =$

⑭ $39 \div 9 =$

⑮ $59 \div 9 =$

⑯ $87 \div 9 =$

1 計算しましょう。

　　　＜3から5のだんまでの九九を使い、くり下がりのひき算のあるもの＞

① 11 ÷ 3 =

② 20 ÷ 3 =

③ 10 ÷ 4 =

④ 11 ÷ 4 =

⑤ 22 ÷ 5 =

⑥ 31 ÷ 5 =

　　　＜6から8のだんの九九を使い、くり下がりのひき算のあるもの＞

⑦ 41 ÷ 6 =

⑧ 53 ÷ 6 =

⑨ 11 ÷ 6 =

⑩ 22 ÷ 6 =

⑪ 13 ÷ 7 =

⑫ 20 ÷ 7 =

⑬ 33 ÷ 7 =

⑭ 55 ÷ 7 =

⑮ 15 ÷ 8 =

⑯ 31 ÷ 8 =

⑰ 51 ÷ 8 =

⑱ 71 ÷ 8 =

1 計算しましょう。

　　＜9のだんの九九を使い、くり下がりのひき算のあるもの＞

① 12 ÷ 9 ＝

② 20 ÷ 9 ＝

③ 42 ÷ 9 ＝

④ 52 ÷ 9 ＝

⑤ 71 ÷ 9 ＝

⑥ 80 ÷ 9 ＝

2 式と答えを書きましょう。

① 30まいのおり紙を4人の子に同じずつ分けます。1人何まいになりますか。
　また何まいあまりますか。

式 _____

答え _____

② 3mのリボンを使って1つのかざりをつくります。26mのリボンから3mのリボンはいくつ取れますか。また、リボンは何mあまりますか。

式 _____

答え _____

③ 60本のえんぴつを8本ずつセットにしてふくろに入れます。何ふくろできて何まいあまりますか。

式 _____

答え _____

1 式と答えを書きましょう。

① 川をボートでわたります。ボートには6人まで乗れます。20人全員が川をわたるには、ボートが何そうあればいいでしょう。

式 _____　　答え _____

② ダンボールを使って自動車をつくります。タイヤを25こ用意しました。
　　1台の自動車に4このタイヤをつけます。自動車は何台つくれるでしょう。

式 _____　　答え _____

③ サービスけんを5まい集めると、映画のチケットが1まいもらえます。サービスけんが27まい集まりました。映画のチケットは何まいもらえますか。

式 _____　　答え _____

④ ケーキ屋さんがケーキを30こつくりました。ケーキをケースに入れてれいぞうこにしまいます。ケースにはケーキが8こ入ります。全部のケーキをしまうには、ケースがいくつあればいいでしょう。

式 _____　　答え _____

1 式と答えを書きましょう。

24 ひきのカブトムシをもらいました。5 人で同じずつ分けます。のこったカブトムシは教室でかうことになりました。1 人何びきのカブトムシがもらえますか。教室でかうカブトムシは何びきですか。

式 _____　　　答え _____

2 あまりが 5 になる計算を赤でぬりましょう。何がでてくるかな。

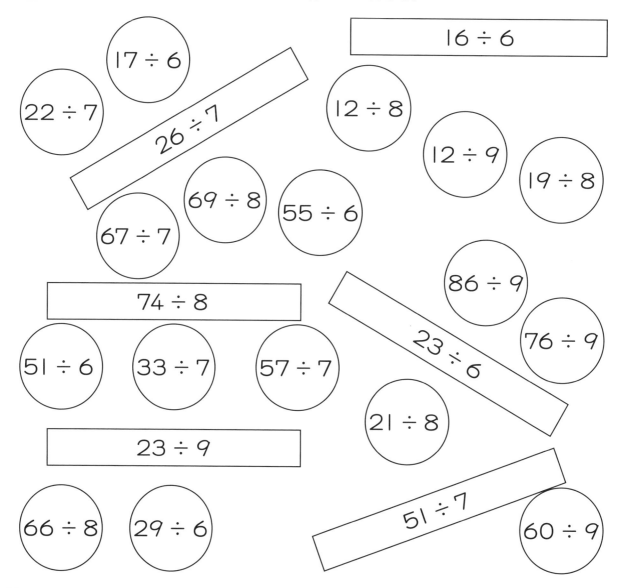

3 年の
さんすう
25

単元 **大きい数**
大きい数 1
おお　　　　すう

勉強した日　　　　　　　月　　　　日

名前

1 位取り表の一から千の位までを赤で、一万から千万までの位を青でぬりましょう。

| 千万の位 | 百万の位 | 十万の位 | 一万の位 | 千の位 | 百の位 | 十の位 | 一の位 |

2 次の数を読みましょう。( )に読み方を書きましょう。
千の位と一万の位の間にチェックを入れると読みやすくなります。

① 286 5372
(　　　　　　　　　　　　　)

② 76 9823
(　　　　　　　　　　　　　　　　　)

③ 82657629
(　　　　　　　　　　　　　)

④ 471218
(　　　　　　　　　　　　　　　　　)

⑤ 703002
(　　　　　　　　　　　　　)

⑥ 620000
(　　　　　　　　　　　　　　　　　)

⑦ 10000020
(　　　　　　　　　　　　　)

⑧ 200000
(　　　　　　　　　　　　　　　　　)

3 (　　)に不等号(<、>)を書きましょう。

① 　　　2356 (　　　　　) 987

② 　983729 (　　　　　) 1112321

③ 　239841 (　　　　　) 398998

④ 8783512 (　　　　　) 8773536

⑤ 2139702 (　　　　　) 2139602

4 1年間は何秒間でしょう。電卓で調べましょう。1分間は60秒間。
1時間はその60倍だから3600秒間。1日は24時間だから3600秒間×24=86400秒間。1年間は365日間だから、

86400 秒間 × 365 = ☐ 秒間

1 漢数字を算用数字に直して、プレートに書きましょう。

れい

二万三千五百六十五

23565

① 八十六万七千二百九十六

② 五千七百八十二万九千八百四十五

③ 八千二百十一万五千百八十一

④ 三千百十一万千九百十一

⑤ 十一万千百十一

⑥ 四千二十六万九千七百二

⑦ 二十万九千

⑧ 五千万

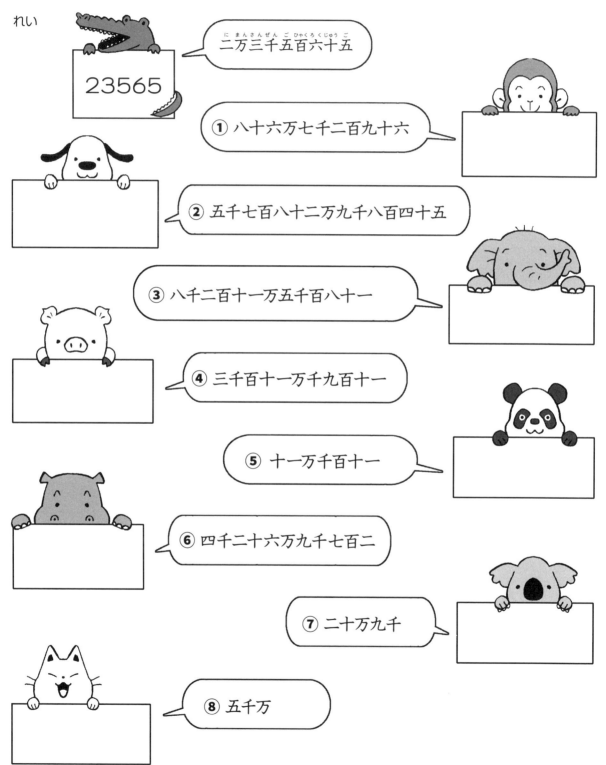

1 計算しましょう。（くり上がりなし）

①
```
    2 3
  ×   3
  ─────
```

②
```
    3 4
  ×   2
  ─────
```

③
```
    3 2
  ×   3
  ─────
```

2 計算しましょう。（0 のあるかけ算）

①
```
    2 0
  ×   2
  ─────
```

②
```
    3 0
  ×   3
  ─────
```

③
```
    4 0
  ×   0
  ─────
```

3 計算しましょう。（百の位にくり上がり）

①
```
    5 3
  ×   2
  ─────
```

②
```
    6 3
  ×   3
  ─────
```

③
```
    3 2
  ×   4
  ─────
```

4 計算しましょう。（十の位にくり上がり）

①
```
    2 6
  ×   3
  ─────
```

②
```
    3 8
  ×   2
  ─────
```

③
```
    2 4
  ×   4
  ─────
```

1 計算しましょう。(くり上がり2回)

①

$$\begin{array}{r} 3\,8 \\ \times\quad 4 \\ \hline \end{array}$$

②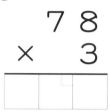

$$\begin{array}{r} 7\,8 \\ \times\quad 3 \\ \hline \end{array}$$

③

$$\begin{array}{r} 5\,2 \\ \times\quad 6 \\ \hline \end{array}$$

④

$$\begin{array}{r} 3\,4 \\ \times\quad 7 \\ \hline \end{array}$$

⑤

$$\begin{array}{r} 4\,4 \\ \times\quad 8 \\ \hline \end{array}$$

⑥

$$\begin{array}{r} 9\,5 \\ \times\quad 9 \\ \hline \end{array}$$

2 計算しましょう。(くり上がり2回+1回)

①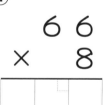

$$\begin{array}{r} 6\,6 \\ \times\quad 8 \\ \hline \end{array}$$

②

$$\begin{array}{r} 3\,4 \\ \times\quad 6 \\ \hline \end{array}$$

③

$$\begin{array}{r} 4\,6 \\ \times\quad 7 \\ \hline \end{array}$$

④

$$\begin{array}{r} 4\,8 \\ \times\quad 9 \\ \hline \end{array}$$

⑤

$$\begin{array}{r} 6\,9 \\ \times\quad 6 \\ \hline \end{array}$$

⑥

$$\begin{array}{r} 7\,4 \\ \times\quad 7 \\ \hline \end{array}$$

1 計算しましょう。(くり上がりなし)

①
```
  2 1 2
×     4
```

②
```
  2 2 3
×     2
```

③
```
  3 2 3
×     3
```

2 計算しましょう。(答え 4 けた)

①
```
  6 3 2
×     2
```

②
```
  3 2 1
×     4
```

③
```
  8 2 3
×     3
```

3 計算しましょう。(百の位にくり上がり)

①
```
  2 3 2
×     4
```

②
```
  2 6 2
×     3
```

③
```
  4 6 3
×     2
```

4 計算しましょう。(十の位にくり上がり)

①
```
  1 2 4
×     3
```

②
```
  1 1 4
×     5
```

③
```
  2 1 6
×     4
```

かけ算の筆算 4

1 計算しましょう。(十の位が 0)

①
$$
\begin{array}{r}
2\ 0\ 2 \\
\times\quad 4 \\
\hline
\end{array}
$$

②
$$
\begin{array}{r}
2\ 0\ 8 \\
\times\quad 2 \\
\hline
\end{array}
$$

③
$$
\begin{array}{r}
3\ 0\ 6 \\
\times\quad 3 \\
\hline
\end{array}
$$

2 計算しましょう。(百と十の位にくり上がり)

①
$$
\begin{array}{r}
1\ 3\ 2 \\
\times\quad 6 \\
\hline
\end{array}
$$

②
$$
\begin{array}{r}
1\ 7\ 5 \\
\times\quad 5 \\
\hline
\end{array}
$$

③
$$
\begin{array}{r}
1\ 2\ 4 \\
\times\quad 7 \\
\hline
\end{array}
$$

3 計算しましょう。(千と百の位にくり上がり)

①
$$
\begin{array}{r}
3\ 3\ 2 \\
\times\quad 4 \\
\hline
\end{array}
$$

②
$$
\begin{array}{r}
2\ 6\ 1 \\
\times\quad 6 \\
\hline
\end{array}
$$

③
$$
\begin{array}{r}
8\ 9\ 3 \\
\times\quad 2 \\
\hline
\end{array}
$$

4 計算しましょう。(くり上がり 3 回)

①
$$
\begin{array}{r}
5\ 6\ 4 \\
\times\quad 4 \\
\hline
\end{array}
$$

②
$$
\begin{array}{r}
2\ 2\ 4 \\
\times\quad 7 \\
\hline
\end{array}
$$

③
$$
\begin{array}{r}
6\ 4\ 6 \\
\times\quad 3 \\
\hline
\end{array}
$$

1 計算しましょう。(くり上がり3回＋1回)

①
```
  7 5 6
×     4
```

②
```
  3 7 2
×     6
```

③
```
  3 9 6
×     3
```

④
```
  4 3 7
×     7
```

⑤
```
  8 9 5
×     8
```

⑥
```
  6 9 4
×     6
```

2 計算しましょう。(くり上がり3回＋2回)

①
```
  4 4 7
×     7
```

②
```
  3 6 9
×     9
```

③
```
  6 6 8
×     8
```

3 計算しましょう。(0あり)

①
```
  3 6 0
×     9
```

②
```
  9 0 4
×     7
```

③
```
  6 0 0
×     8
```

勉強した日 _____ 月 ____ 日

名前

1 □ に入ることばを書きましょう。
　右の図は、球を半分に切ったものです。

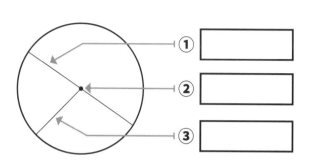

①
②
③

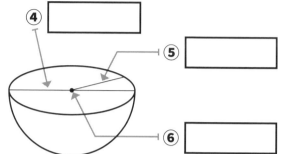

④
⑤
⑥

右のわくから、言葉をえらんで
入れましょう。

┌─────────────────────────────┐
│ 直径・半径・ちょう点・中心・直線 │
└─────────────────────────────┘

2 □に長さを書きましょう。

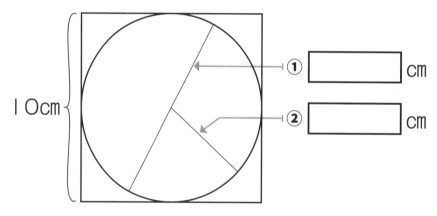

10cm

① 　　　cm

② 　　　cm

3 ア、イ、ウ、エ、オを中心にして、
半径 2cmの円をかきましょう。

・ア

・イ　　　・ウ　　　・エ

・オ

勉強した日　　　　　　月　　　日

名前

1 島の中に、ある宝物がかくされています。次の①から③の
どれでしょうか。コンパスを使って、宝物を見つけましょう。

①トリ　　②スズ　　③リス

ヒント

教会、井戸、とう台の・のところにコンパスの針をさして円の
一部をかき、重なったところの文字を読みます。
　1. とう台から6㎝、井戸から5㎝はなれたところにある文字。
　2. 教会から3㎝、井戸から10㎝はなれたところにある文字。
2つの文字をつなげると、宝物がわかります。

答え（　　　　　　　　）

勉強した日	月	日
名前		

1 何Lでしょう。( ) に書きましょう。

①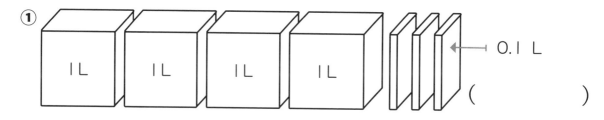

( )

②

( )

③

( )

2 何mでしょう。( ) に書きましょう。

①

1m　　10cm　( )

②

10cm　　( )

3 大きいじゅんにならべましょう。

① (2 ・ 1.5 ・ 3.2) → ( )

② (0 ・ 1 ・ 0.1) → ( )

③ (0.4 ・ 4 ・ 4.4) → ( )

3年の
さんすう
35

単元 小数
小数 2
しょうすう

勉強した日　　　　　　　月　　日

名前

1 計算しましょう。(くり上がりなし)

①
$$\begin{array}{r} 2.3 \\ +\ 3.4 \\ \hline \end{array}$$

②
$$\begin{array}{r} 5.4 \\ +\ 2.1 \\ \hline \end{array}$$

③
$$\begin{array}{r} 6.2 \\ +\ 2.5 \\ \hline \end{array}$$

2 計算しましょう。(くり上がりあり)

①
$$\begin{array}{r} 2.8 \\ +\ 3.6 \\ \hline \end{array}$$

②
$$\begin{array}{r} 5.4 \\ +\ 9.2 \\ \hline \end{array}$$

③
$$\begin{array}{r} 4.8 \\ +\ 9.6 \\ \hline \end{array}$$

3 計算しましょう。(答えの小数第一位が 0)

①
$$\begin{array}{r} 2.7 \\ +\ 0.3 \\ \hline \end{array}$$

②
$$\begin{array}{r} 5.6 \\ +\ 3.4 \\ \hline \end{array}$$

③
$$\begin{array}{r} 1.8 \\ +\ 9.2 \\ \hline \end{array}$$

4 計算しましょう。(くり下がりなし)

①
$$\begin{array}{r} 3.4 \\ -\ 2.2 \\ \hline \end{array}$$

②
$$\begin{array}{r} 6.8 \\ -\ 3.5 \\ \hline \end{array}$$

③
$$\begin{array}{r} 9.7 \\ -\ 5.4 \\ \hline \end{array}$$

1 計算しましょう。(くり下がりあり)

①
$$\begin{array}{r} 4.2 \\ -\ 2.3 \\ \hline \end{array}$$

②
$$\begin{array}{r} 9.6 \\ -\ 3.8 \\ \hline \end{array}$$

③
$$\begin{array}{r} 8.1 \\ -\ 6.2 \\ \hline \end{array}$$

2 計算しましょう。(答えの小数第一位が 0)

①
$$\begin{array}{r} 3.6 \\ -\ 1.6 \\ \hline \end{array}$$

②
$$\begin{array}{r} 5.8 \\ -\ 2.8 \\ \hline \end{array}$$

③
$$\begin{array}{r} 4.3 \\ -\ 1.3 \\ \hline \end{array}$$

3 計算しましょう。(答えの一の位が 0)

①
$$\begin{array}{r} 4.5 \\ -\ 4.2 \\ \hline \end{array}$$

②
$$\begin{array}{r} 8.3 \\ -\ 7.9 \\ \hline \end{array}$$

③
$$\begin{array}{r} 6.7 \\ -\ 5.8 \\ \hline \end{array}$$

4 筆算で計算しましょう。

① 3 − 1.8

② 4 − 3.2

③ 8 − 5.6

重さ

重さの特徴

　長さは目で見て比べることができます。かさも、同じ入れ物に入っていれば水面の位置を見ることでどちらが多いかわかります。しかし、重さはいくらしっかり目を凝らしても比べることはできません。手で持って初めて重さの違いを感じることができます。その点で子どもたちにとって少々不安な量でもあります。

　20g +30g ＝50g と答えられる子でも、20g の粘土玉と 30g の粘土玉を合わせた大きな粘土玉をはかりに乗せて重さを確かめると、「ホントに 50g になってる！」と驚くことがよくあります。同じ 50g の粘土玉でも、クレープのように薄くしたり、ヘビのように長くしたり、たくさんの小さな玉にしたりすると、そのつど、重さが変わると思っている子もたくさんいます。大人が当たり前と思っていることも、実際にやってみないと納得しないのが子どもです。

　重さの学習はノートやタブレットでは限界があります。ものを使って学ぶ必要があります。家庭では米粒など、学校ではおはじきなどを使って 50g をつくってみたり、いろいろなものの重さを当ててみたりする体験が大切です。

単位換算

　単位換算が苦手な子は多いです。指導のポイントは 2 つあります。

　1 つ目は、単位は「はかる道具」、その前の数は「その道具でいくつ分かを示す」と考えることです。＜大きい単位には小さな数、小さい単位には大きな数がついている＞ことがわかると単位換算がやさしくなります。

　2 つ目は、単位は、接頭語（「k」など）と基本単位（「g」など）の組み合わせでできていること、接頭語は十進構造になっていることを理解することです。

　k（キロ）は×1000、h（ヘクト）は×100、da（デカ）は×10、d（デシ）は$\frac{1}{10}$、c（センチ）は$\frac{1}{100}$、m（ミリ）は$\frac{1}{1000}$です。

重さ1

1 どちらが重いでしょう。重いほうの（　　）に〇を書きましょう。

①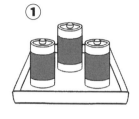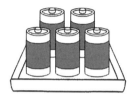

❶（　　　） ❷（　　　）

②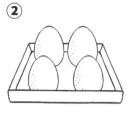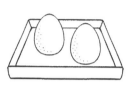

❶（　　　） ❷（　　　）

③

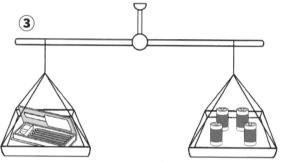 

ふでばこと、かん電池4こが
つりあっています。

クレパスと、かん電池5こが
つりあっています。

ふでばこ 　　　　　　クレパス

❶（　　　） ❷（　　　）

2 何gでしょう。

①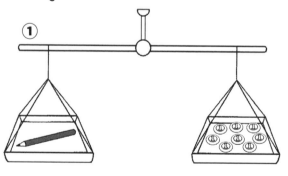

えんぴつ1本の重さ

（　　　　　）g

②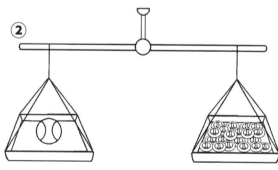

ボール1この重さ

（　　　　　）g

1円玉1この
重さは、1gだよ

46

1 はかりの針のさしている重さを（　　）に書きましょう。

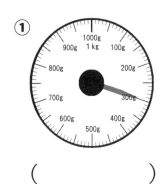　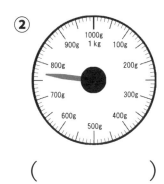　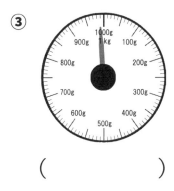

① （　　　　　　）　② （　　　　　　）　③ （　　　　　　）

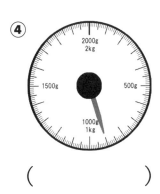　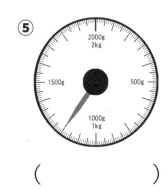　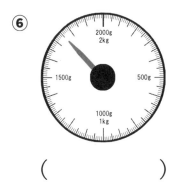

④ （　　　　　　）　⑤ （　　　　　　）　⑥ （　　　　　　）

2 重さをはかりました。□に単位を書きましょう。

① たまごの重さ 　　60 □

② 大きなトラックの重さ 　　10 □

③ ふでばこの重さ 　　170 □

④ ネコの重さ 　　4 □

下のわくから、単位を
えらんで入れましょう。

⑤ お米1つぶの重さ 　　20 □

kg・g・t・mg

なべに入っている水をコップに移します。

大きなコップでは
4はい分ありました。

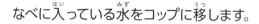

小さなコップでは
20ぱい分ありました。

☆単位は、「コップ」と同じはたらきをします。

大きな単位（大きなコップ）ではかると4はいになる水は、
小さな単位（小さなコップ）ではかると20ぱい分でした。

このことを、

4・大コップ=20・小コップ

と表すことができます。

1 正しいほうの（　）に〇を書きましょう。

① ❶（　）2kg = 2000g　② ❶（　）3kg = 3000t

　❷（　）2000kg = 2g　　❷（　）3000kg = 3t

2 □に数を書きましょう。

① 1kg = [　　　] g　　② 4000g = [　　　] kg

③ 2kg400g = [　　　] g　④ 4kg80g = [　　　] g

⑤ 3600g = [　　　] kg [　　　] g

⑥ 4020g = [　　　] kg [　　　] g

⑦ 1t = [　　　] kg　　⑧ 6000kg = [　　　] t

分数

２つの分数

分割の仕方を表す分数

　わたしたちは日常、分数をほとんど使いませんが、ときおり、「スイカ$\frac{1}{4}$切れ」「料理の時に$\frac{1}{2}$カップ」のように使うこともあります。「$\frac{1}{4}$切れ」といえば「スイカを４つに切った時の１つ分」であるし、「$\frac{1}{2}$カップ」は「カップの半分」です。

　わたしたちは、あるものを分割した時に分数を使っています。ところで、$\frac{1}{4}$と$\frac{1}{2}$を合わせたらどうなるでしょう。$\frac{1}{4}+\frac{1}{2}=\frac{1}{4}+\frac{2}{4}=\frac{3}{4}$が正解ですが、スイカの一方が小玉スイカだったら$\frac{3}{4}$に意味はありません。たし算やひき算などの演算は、「もとにするものが同じ」でなければ意味がないのです。

　２年生でも分数の学習をしますが、もとにしているものは折り紙やピザであり、それらにはさまざまな大きさがあり、"いろいろな大きさの$\frac{1}{2}$"があっていいのです。

量の大きさを表す分数

　しかし、３年生で学習する分数は加減が成立しなければなりません。つまり、誰もが「もとは同じ」としているもの、１ｍや１Ｌ、１ｇなどをもとにしていると考えます。$\frac{1}{2}$ｍは50㎝であり、"いろいろな$\frac{1}{2}$ｍ"はありません。$\frac{3}{4}$Ｌは750mLであり、鍋に入っていようとやかんに入っていようと同じです。だから整数や小数と同じように分数を使って長さやかさ、重さの測定もできます。

　２年生では「分割の仕方を表す分数」、３年生では「量の大きさを表す分数」を学習するということです。

1 （　）に分数を書きましょう。

①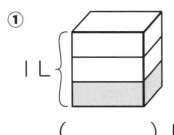

（　　　　）L

②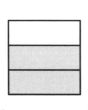

（　　　　）L

③

（　　　　）L

④

（　　　　）L

⑤

（　　　　）L

⑥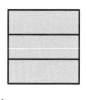

（　　　　）L

⑦

1 m

（　　　　）m

⑧

（　　　　）m

2 分数の大きさだけ色をぬりましょう。

① $\dfrac{1}{3}$ L

② $\dfrac{2}{5}$ L

③ $\dfrac{3}{3}$ L

④ $\dfrac{5}{6}$ L

⑤ $\dfrac{2}{3}$ m

⑥ $\dfrac{3}{4}$ m

勉強した日＿＿＿＿＿＿＿＿月＿＿＿日

名前

1 分数を小数に、小数を分数になおしましょう。

① $\dfrac{2}{10}$ = (　　　　　)　　　② $\dfrac{8}{10}$ = (　　　　　)

③ (　　　　　) = 0.7　　　④ (　　　　　) = 0.3

2 (　) に不等号（＜、＞）を書きましょう。

① $\dfrac{3}{10}$ (　　　) 0.2　　　② 0.8 (　　　) $\dfrac{9}{10}$

③ 1 (　　　) $\dfrac{1}{10}$　　　④ $\dfrac{1}{10}$ (　　　) 0

3 計算しましょう。(　) に分数、□に整数を書きましょう。

① $\dfrac{1}{4} + \dfrac{2}{4}$ = (　　　　　)

② $\dfrac{1}{3} + \dfrac{2}{3}$ = (　　　　　) = □

③ $\dfrac{3}{5} - \dfrac{1}{5}$ = (　　　　　)

④ $1 - \dfrac{1}{3} = \dfrac{3}{3} - \dfrac{1}{3}$ = (　　　　　)

⑤ $1 - \dfrac{1}{4}$ = (　　　) − (　　　) = (　　　)

⑥ $\dfrac{2}{3} - \dfrac{2}{3}$ = □

単元 **2けたをかける筆算**
2けたをかける筆算1

勉強した日 ────────── 月 ── 日

名前

1 計算しましょう。(くり上がりなし)

①
```
    1 2
×   2 3
```

②
```
    3 1
×   2 2
```

③
```
    3 3
×   2 1
```

④
```
    3 1
×   3 2
```

2 計算しましょう。(とちゅうが2けたと2けた)

①
```
    1 2
×   1 6
─────
    7 2
  1 2
─────
  1 9 2
```

②
```
    1 5
×   2 4
```

③
```
    1 4
×   1 3
```

④
```
    1 2
×   5 7
```

3 計算しましょう。(たす時にくり上がる)

①
```
    1 7
×   1 2
─────
    3 4
  1 7
─────
  2 0 4
```

②
```
    3 2
×   2 2
```

③
```
    2 6
×   3 3
```

④
```
    1 8
×   2 4
```

2けたをかける筆算2

1 計算しましょう。(とちゅうが3けたと2けた)

①
```
   2 2
 ×  2 7
 ───────
   1 5 4
   4 4
 ───────
   5 9 4
```

②
```
   3 4
 ×  2 3
 ───────
```

③
```
   4 6
 ×  1 5
 ───────
```

④
```
   2 7
 ×  3 5
 ───────
```

2 計算しましょう。(とちゅうが2けたと3けた)

①
```
   2 4
 ×  7 3
 ───────
     7 2
   1 6 8
 ───────
   1 7 5 2
```

②
```
   3 7
 ×  6 2
 ───────
```

③
```
   1 9
 ×  8 4
 ───────
```

④
```
   2 8
 ×  7 1
 ───────
```

3 計算しましょう。(とちゅうが3けたと3けた)

①
```
   5 7
 ×  4 7
 ───────
   3 9 9
 2 2 8
 ───────
 2 6 7 9
```

②
```
   6 8
 ×  4 3
 ───────
```

③
```
   9 2
 ×  5 6
 ───────
```

④
```
   5 6
 ×  8 5
 ───────
```

1 計算しましょう。(1けたと2けた)

① 6×28

```
      6
×   2 8
─────────
    4 8
  1 2
─────────
  1 6 8
```

② 9×77

```
×
─────────
```

③ 8×88

```
×
─────────
```

④ 7×84

```
×
─────────
```

2 計算しましょう。(かける数の一の位が0)

①
```
    8 7
×   2 0
─────────
    0 0
  1 7 4
─────────
  1 7 4 0
```

②
```
    9 9
×   3 0
─────────
```

③
```
    6 6
×   7 0
─────────
```

④
```
    4 8
×   5 0
─────────
```

3 計算しましょう。(3けたと2けた)

①
```
    1 2 3
×     5 3
─────────
    3 6 9
  6 1 5
─────────
  6 5 1 9
```

②
```
    2 8 2
×     6 3
─────────
```

③
```
    4 9 1
×     4 2
─────────
```

1 計算しましょう。(とちゅうが3けたと4けた)

①
$$
\begin{array}{r}
3\ 1\ 5 \\
\times\quad 5\ 3 \\
\end{array}
$$
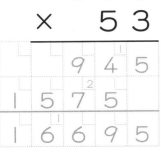

②
$$
\begin{array}{r}
2\ 8\ 2 \\
\times\quad 6\ 3 \\
\end{array}
$$
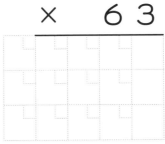

③
$$
\begin{array}{r}
4\ 9\ 1 \\
\times\quad 4\ 2 \\
\end{array}
$$
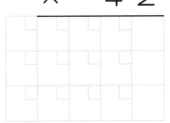

2 計算しましょう。(とちゅうが4けたと4けた)

①
$$
\begin{array}{r}
5\ 7\ 8 \\
\times\quad 4\ 3 \\
\end{array}
$$
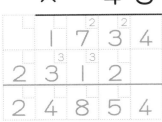

②
$$
\begin{array}{r}
6\ 8\ 4 \\
\times\quad 7\ 2 \\
\end{array}
$$
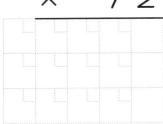

③
$$
\begin{array}{r}
9\ 8\ 6 \\
\times\quad 6\ 4 \\
\end{array}
$$
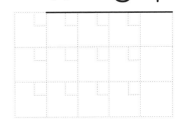

3 計算しましょう。(かけられる数に0あり)

①
$$
\begin{array}{r}
6\ 0\ 3 \\
\times\quad 5\ 4 \\
\end{array}
$$
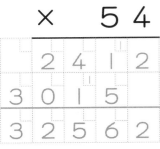

②
$$
\begin{array}{r}
9\ 5\ 0 \\
\times\quad 7\ 8 \\
\end{array}
$$

③
$$
\begin{array}{r}
8\ 0\ 0 \\
\times\quad 8\ 2 \\
\end{array}
$$
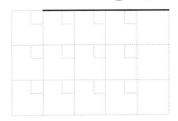

３年の
さんすう
46

単元 **三角形と角**

三角形と角１
（さんかくけい） （かく）

勉強した日 ＿＿＿＿＿＿ 月 ＿＿ 日

名前

1 アからケの三角形を見て答えましょう。

① ２つの辺の長さが等しい三角形はどれでしょう。

（　　　　）（　　　　）（　　　　）

② ３つの辺の長さが等しい三角形はどれでしょう。

（　　　　）（　　　　）（　　　　）

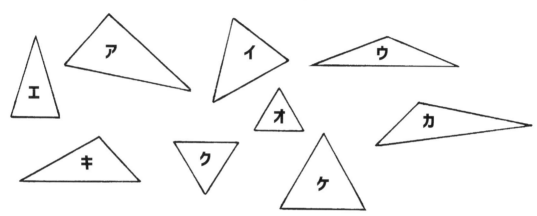

③ ２つの辺の長さが等しい三角形の名前を書きましょう。

（　　　　　　　　　　）

④ ３つの辺の長さが等しい三角形の名前を書きましょう。

（　　　　　　　　　　）

2 下の三角形のアからカを見て答えましょう。

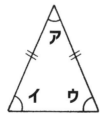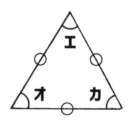

① イの角と同じ大きさの角はどれでしょう。

（　　　　　　　　　　）

② エの角と同じ大きさの角はどれでしょう。

（　　　　　　　　　　）

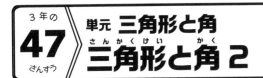

1 どちらの角が大きいでしょう。大きいほうの角の（ ）に〇を書きましょう。

①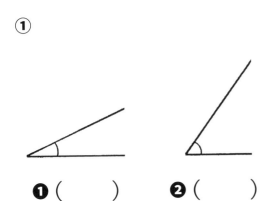

❶（　　　　）　　❷（　　　　）

②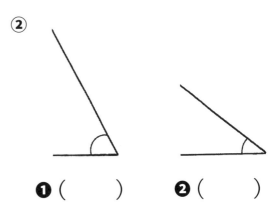

❶（　　　　）　　❷（　　　　）

2 コンパスを使って、三角形をかきましょう。

① 辺の長さが 2cm、3cm、3cmの二等辺三角形と、
辺の長さが 5cm、3cm、3cmの二等辺三角形。

② 一辺の長さが 4cmの正三角形と、一辺の長さが 2cmの正三角形。

1 好きな給食をカードに書いてもらいました。これを表に整理して、ぼうグラフに表しましょう。

カレーライス	ラーメン	あげぱん	やきそば
カレーライス	サラダ	カレーライス	やきそば
あげぱん	カレーライス	カレーライス	チャーハン
ハンバーグ	あげぱん	やきそば	あげぱん
やきそば	カレーライス	あげぱん	あげぱん
おはぎ	やきそば	カレーライス	カレーライス
あげぱん	スパゲティ	ラーメン	カレーライス
カレーライス	ラーメン	あげぱん	ラーメン
カレーライス	やきそば	ぎょうざ	やきそば
やきそば	あげぱん	カレーライス	カレーライス

メニュー	人数（人）

（人）

【 好きな給食 】

1人だけのメニューは、その他にまとめよう

2 ぼうが表している大きさを（　　）に書きましょう。単位も書きましょう。

① （L）
15
10
5

② （dL）
20
10
0

③ （m）
30
20
10

④ （cm）
100
80
60
40
30
20

⑤ （円）
1000
500
0

（　　　　）　（　　　　）　（　　　　）　（　　　　）　（　　　　）

解答と解説
3年生

かけ算

九九表をながめてみると、いろいろなことが発見できます。いくつかを紹介しました。3×4=4×3や5×2+3×2=8×2（5の段と3の段を合わせると8の段になる）は図をかいてみると理由がわかります。
04の穴埋めは結構難しいです。7×7＝49（ナナちゃんはしくしく泣くよ）、8×8=64（はっぱにはムシがいるよ）と覚えるのはどうでしょう。

P5　01　かけ算1

1 ①-**3**／②-**5**／③-**1**／④-**4**／⑤-**2**

2 ①3×4／②6／③9／④8／⑤7／⑥6／⑦4／⑧3／⑨4×9／⑩5×8／⑪4×7／⑫5×6

P6　02　かけ算2

1 ①36　3＋6＝9／②54　5＋4＝9／③63　6＋3＝9／④72　7＋2＝9／⑤81　8＋1＝9

2 ①3／②8／③16・15／④25・24／⑤36・35／⑥49・48／⑦64・63／⑧81・80

P7　03　かけ算3

1 ①2／②3

2 ①30／②36／③42／④48／⑤54／⑥35／⑦42／⑧49／⑨56／⑩63／⑪40／⑫48／⑬56／⑭64／⑮72

P8　04　かけ算4

1 ①4／②16／③72／④4／⑤6／⑥20／⑦30／⑧42／⑨28／⑩14／⑪48／⑫36／⑬56・72／⑭63・72／⑮56・63

時こくと時間

秒の量感も大切です。目をつぶって「1分間当てゲーム（1分たったと思ったら手をたたく）」などで練習しましょう。

P10　05　時こくと時間1

1 ①5時／②8時／③2時

2 ①23分／②47分／③58分

3 ①1時15分／②6時47分／③11時8分

P11　06　時こくと時間2

1 ①60／②120／③180／④60／⑤120／⑥24／⑦12

2 ①-**3**／②-**6**／③-**2**／④-**7**／⑤-**5**／⑥-**1**／⑦-**4**

P12　07　時こくと時間3

1 ①式　20分間＋30分間／答え　50分間
②式　2時間40分－1時間20分／答え　1時間20分
③式　7時53分－7時30分／答え　23分間
④式　5時12分＋30分間／答え　5時42分
⑤式　6時50分－45分／答え　6時5分

わり算

わり算の式に単位や助数詞をつけると、＜8こ÷4人＝2こ／人＞となります。／（パー、毎）を使い慣れている子は少ないので、ここでは＜8こ÷4人＝1人あたり2こ＞としました。もちろん、教科書のように単位や助数詞なしの8÷4＝2でも正解ですが、つけることで場面と式が結びつきます。

P14　08　わり算1

1 ①-**2**式　12こ÷4人／②-**2**式　18こ÷6人

2 ①式　8こ÷4人　答え　1人あたり2こ
②式　8こ－4こ　答え　4こ
③式　1人分4こ×8人　答え　32こ

P15　09　わり算2

1 ①3／②5／③4／④4／⑤6／⑥7／⑦4／⑧5／⑨8／⑩3／⑪7／⑫8／⑬2／⑭4／⑮9／⑯2／⑰5／⑱9／⑲3／⑳5／㉑7／㉒3／㉓6／㉔8

P16　10　わり算3　　　P17　11　わり算4

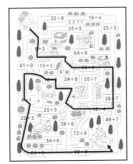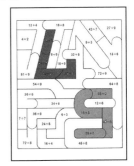

P18　12　わり算5

1 ① - ❶ -(2)-(ウ)／② - ❸ -(3)-(ア)／③ - ❷ -(1)-(イ)

たし算とひき算の筆算

整数の加減はここで完成。4年で億・兆の加減が少し
出てきますが、この単元で、「どんなに大きな整数でも
できる」という自信をつけたいものです。

P20　13　たし算とひき算1

1 ① 367 ／② 888 ／③ 599 ／④ 897 ／⑤ 964 ／⑥ 896
2 ① 860 ／② 872 ／③ 853 ／④ 548 ／⑤ 629 ／⑥ 927

P21　14　たし算とひき算2

1 ① 923 ／② 862 ／③ 854 ／④ 504 ／⑤ 603 ／⑥ 501
2 ① 1179 ／② 1773 ／③ 1005 ／④ 1051 ／⑤ 1034
　 ／⑥ 1003

P22　15　たし算とひき算3

1 ① 261 ／② 322 ／③ 313
2 ① 323 ／② 342 ／③ 593 ／④ 532 ／⑤ 217 ／⑥ 415

P23　16　たし算とひき算4

1 ① 188 ／② 377 ／③ 267 ／④ 579 ／⑤ 389 ／⑥ 568
2 ① 406 ／② 667 ／③ 283

P24　17　たし算とひき算5

1 ① 131 ／② 322 ／③ 333 ／④ 307 ／⑤ 213 ／⑥ 101
2 ① 573 ／② 799 ／③ 297

長さ

学校には1mの竹のものさしがありますが、それ以上
長いと持ち運びに不便です。そこで、やわらかくてグ
ルグル巻ける巻き尺を使うことになります。やわらか
いので木の周りなども測れます。その巻き尺も100m
以上のものは普通ありません。

P25　18　長さ

1 ① 65cm ／② 634m ／③ 4km ／④ 30cm ／⑤ 8mm
　 ／⑥ 3mm
2 ①・③・④・⑥
3 ① 1000m ／② 2km
4 ア　4m74cm ／イ　5m2cm ／ウ　5m17cm

あまりのあるわり算

< 16 ÷ 3=5 あまり1 >は、「16このケーキを3人で
同じずつ分けます。1人分は何こで、いくつあまるでしょ
う」のような問題の式です。1人で5こもケーキを食
べたらお腹をこわすかもしれません。そこで、「今日は
2個にして、あまりは冷蔵庫にしまいます」とすると、
< 16 ÷ 3=2 あまり10こ >になります。
でも、この計算は算数では間違いになります。算数では、
<できるだけ多く配る>ように答えます。

P27　19　あまりのあるわり算1

1 ① 2あまり1 ／② 3あまり1 ／③ 6あまり1 ／④ 9あまり1
／⑤ 2あまり1 ／⑥ 5あまり1 ／⑦ 4あまり2 ／⑧ 8あまり2
／⑨ 1あまり1 ／⑩ 3あまり2 ／⑪ 4あまり3 ／⑫ 7あまり1
／⑬ 1あまり4 ／⑭ 2あまり3 ／⑮ 4あまり4 ／⑯ 8あまり4

P28　20　あまりのあるわり算2

1 ① 2あまり1 ／② 4あまり3 ／③ 7あまり3 ／④ 9あまり4 ／
⑤ 1あまり2 ／⑥ 3あまり5 ／⑦ 6あまり3 ／⑧ 8あまり3 ／
⑨ 1あまり1 ／⑩ 2あまり3 ／⑪ 4あまり4 ／⑫ 7あまり3 ／
⑬ 2あまり1 ／⑭ 4あまり3 ／⑮ 6あまり5 ／⑯ 9あまり6

P29　21　あまりのあるわり算3

1 ① 3あまり2 ／② 6あまり2 ／③ 2あまり2 ／
④ 2あまり3 ／⑤ 4あまり2 ／⑥ 6あまり1 ／⑦ 6あまり5 ／
⑧ 8あまり5 ／⑨ 1あまり5 ／⑩ 3あまり4 ／⑪ 1あまり6 ／
⑫ 2あまり6 ／⑬ 4あまり5 ／⑭ 7あまり6 ／⑮ 1あまり7 ／
⑯ 3あまり7 ／⑰ 6あまり3 ／⑱ 8あまり7

P30　22　あまりのあるわり算4

1 ① 1あまり3 ／② 2あまり2 ／③ 4あまり6 ／
④ 5あまり7 ／⑤ 7あまり8 ／⑥ 8あまり8
2 ①式　30まい÷4人＝1人あたり7まい あまり2まい
　　答え　1人分7まいで2まいあまる
　 ②式　26m÷1こあたり3m＝8こあまり2m
　　答え　8こ取れて2mあまる
　 ③式　60本÷1ふくろあたり8本＝7ふくろあまり4本
　　答え　7ふくろできて4本あまる

P31　23　あまりのあるわり算5

1 ①式　20人÷1そうあたり6人＝3そうあまり2人
　　答え　4そう
　 ②式　25こ÷1台あたり4こ＝6台あまり1こ
　　答え　6台
　 ③式　27まい÷1まいあたり5まい＝5まいあまり2まい
　　答え　5まい
　 ④式　30こ÷1ケースあたり8こ＝3ケースあまり6こ
　　答え　4ケース

P32 24 あまりのあるわり算6

1 式 24ひき÷5人 =1人あたり4ひきあまり4ひき

答え 1人4ひき

教室でかう 4ひき

2 右図参照

わり算記号 ÷

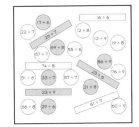

大きい数

算用数字の読み方を漢字で書くのはとても難しく、教科書にもほとんど出ていません。声に出していえたら正解としましょう。

P33 25 大きい数1

1

赤				青			
千万の位	百万の位	十万の位	一万の位	千の位	百の位	十の位	一の位

2 ①二百八十六万五千三百七十二／
② 七十六万九千八百二十三／
③八千二百六十五万七千六百二十九／
④四十七万千二百十八／⑤七十万三千二 ／
⑥ 六十二万／⑦千万二十／⑧二十万

3 ①＞／②＜／③＜／④＞／⑤＞

4 31536000 秒間

P34 26 大きい数2

1 ① 867296／② 57829845／③ 82115181／
④ 3111911／⑤ 111111／⑥ 40269702／
⑦ 209000／⑧ 50000000

かけ算の筆算

34×6では、4×6=24も3×6=18も繰り上がりがあります。さらに、十の位は繰り上がってきた2と8をたす時にも繰り上がりがあります。このようなタイプのかけ算を（くり上がり2回＋1回）としました。急がずにゆっくり計算しましょう。

P35 27 かけ算の筆算1

1 ①69／②68／③96　　**2** ①40／②90／③0

3 ①106／②189／③128

4 ①78／②76／③96

P36 28 かけ算の筆算2

1 ① 152／② 234／③ 312／④ 238／⑤ 352／⑥ 855

2 ① 528／② 204／③ 322／④ 432／⑤ 414／⑥ 518

P37 29 かけ算の筆算3

1 ① 848／② 446／③ 969

2 ① 1264／② 1284／③ 2469

3 ① 928／② 786／③ 926

4 ① 372／② 570／③ 864

P38 30 かけ算の筆算4

1 ① 808／② 416／③ 918

2 ① 792／② 875／③ 868

3 ① 1328／② 1566／③ 1786

4 ① 2256／② 1568／③ 1938

P39 31 かけ算の筆算5

1 ① 3024／② 2232／③ 1188／④ 3059／⑤ 7160
／⑥ 4164

2 ① 3129／② 3321／③ 5344

3 ① 3240／② 6328／③ 4800

円と球

この単元ではコンパスで上手に円をかけるようになることが何より大事です。風船や雪だるまなどを、コンパスを使って楽しくかきましょう。

P40 32 円と球1

1 ①直径／②中心／③半径／
④直径／⑤ 半径／⑥中心

2 ① 10cm／② 5cm

3 右図参照

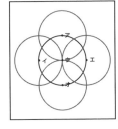

P41 33 円と球2

1 ②スズ
右図参照

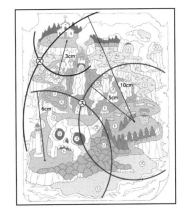

小数で表すことのできる量は、長さやかさなどの連続量です。人間の人数や車の台数は、通常、小数では表しません。その区別ができることも大切です。
＜3.0＞のような解答があります。小数第一位の0は数学的には意味があります。しかし、小学校では多くの教科書が0に斜線をつけさせます。どちらも正解としましょう。

P42　34　小数1
1 ① 4.3L ／② 2.1L ／③ 0.5L
2 ① 2.2m ／② 0.3m
3 ① 3.2・2・1.5 ／② 1・0.1・0 ／③ 4.4・4・0.4

P43　35　小数2
1 ① 5.7 ／② 7.5 ／③ 8.7
2 ① 6.4 ／② 14.6 ／③ 14.4
3 ① 3.0 ／② 9.0 ／③ 11.0　**4** ① 1.2 ／② 3.3 ／③ 4.3

P44　36　小数3
1 ① 1.9 ／② 5.8 ／③ 1.9
2 ① 2.0 ／② 3.0 ／③ 3.0　**3** ① 0.3 ／② 0.4 ／③ 0.9
4

①	②	③
3.0	4.0	8.0
− 1.8	− 3.2	− 5.6
1.2	0.8	2.4

はかり読みはなかなか難しいです。教科書に登場するはかりは2種～5種。1000gと2kgは全社が扱っています。

P46　37　重さ1
1 ①-❷ ／②-❶ ／③-❷
2 ① 8g ／② 20g

P47　38　重さ2
1 ① 300g ／② 770g ／③ 990g ／④ 900g ／
　⑤ 1kg 200g（1200g）／⑥ 1kg 750g（1750g）
2 ① 60g ／② 10t ／③ 170g ／④ 4kg ／⑤ 20mg

P48　39　重さ3
1 ①-❶ ／②-❷
2 ① 1000g ／② 4kg ／③ 2400g ／④ 4080g ／
　⑤ 3kg 600g ／⑥ 4kg 20g ／⑦ 1000kg ／⑧ 6t

$\frac{1}{5}$ mの5つ分は$\frac{5}{5}$ mです。$\frac{5}{5}$ mは1mと同じです。だから、$\frac{5}{5}$ m＝1mであり、$\frac{5}{5}$ ＝1となります。

P50　40　分数1
1 ① $\frac{1}{3}$ L　② $\frac{2}{3}$ L　③ $\frac{3}{4}$ L　④ $\frac{1}{4}$ L　⑤ $\frac{4}{4}$ L
⑥ $\frac{3}{3}$ L　⑦ $\frac{5}{6}$ m　⑧ $\frac{2}{5}$ m

2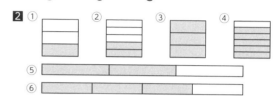

P51　41　分数2
1 ① 0.2 ／② 0.8 ／③ $\frac{7}{10}$ ／④ $\frac{3}{10}$
2 ① ＞ ／② ＜ ／③ ＞ ／④ ＞
3 ① $\frac{3}{4}$ ／② $\frac{3}{3}$ ・1 ／③ $\frac{2}{5}$ ／④ $\frac{2}{3}$ ／
　⑤ $\frac{4}{4}$ − $\frac{1}{4}$ ＝ $\frac{3}{4}$ ／⑥ 0

筆算の途中や答えに数を書くマスをつくりました。使わないマスもあります。繰り上がる数を書く小さなマスもつくりましたが、記入しなくてもいいです。自分のやりやすい仕方で利用しましょう。

P52　42　2けたをかける筆算1
1

①	②	③	④
12	31	33	31
× 23	× 22	× 21	× 32
36	62	33	62
24	62	66	93
276	682	693	992

2

①	②	③	④
12	15	14	12
× 16	× 24	× 13	× 57
72	60	42	84
12	30	14	60
192	360	182	684

3

①	②	③	④
17	32	26	18
× 12	× 22	× 33	× 24
34	64	78	72
17	64	78	36
204	704	858	432

P53　43　2けたをかける筆算2

1
①
$$\begin{array}{r} 22 \\ \times\ 27 \\ \hline 154 \\ 44 \\ \hline 594 \end{array}$$
②
$$\begin{array}{r} 34 \\ \times\ 23 \\ \hline 102 \\ 68 \\ \hline 782 \end{array}$$
③
$$\begin{array}{r} 46 \\ \times\ 15 \\ \hline 230 \\ 46 \\ \hline 690 \end{array}$$
④
$$\begin{array}{r} 27 \\ \times\ 35 \\ \hline 135 \\ 81 \\ \hline 945 \end{array}$$

2
①
$$\begin{array}{r} 24 \\ \times\ 73 \\ \hline 72 \\ 168 \\ \hline 1752 \end{array}$$
②
$$\begin{array}{r} 37 \\ \times\ 62 \\ \hline 74 \\ 222 \\ \hline 2294 \end{array}$$
③
$$\begin{array}{r} 19 \\ \times\ 84 \\ \hline 76 \\ 152 \\ \hline 1596 \end{array}$$
④
$$\begin{array}{r} 28 \\ \times\ 71 \\ \hline 28 \\ 196 \\ \hline 1988 \end{array}$$

3
①
$$\begin{array}{r} 57 \\ \times\ 47 \\ \hline 399 \\ 228 \\ \hline 2679 \end{array}$$
②
$$\begin{array}{r} 68 \\ \times\ 43 \\ \hline 204 \\ 272 \\ \hline 2924 \end{array}$$
③
$$\begin{array}{r} 92 \\ \times\ 56 \\ \hline 552 \\ 460 \\ \hline 5152 \end{array}$$
④
$$\begin{array}{r} 56 \\ \times\ 85 \\ \hline 280 \\ 448 \\ \hline 4760 \end{array}$$

P54　44　2けたをかける筆算3

1
①
$$\begin{array}{r} 6 \\ \times\ 28 \\ \hline 48 \\ 12 \\ \hline 168 \end{array}$$
②
$$\begin{array}{r} 9 \\ \times\ 77 \\ \hline 63 \\ 63 \\ \hline 693 \end{array}$$
③
$$\begin{array}{r} 8 \\ \times\ 88 \\ \hline 64 \\ 64 \\ \hline 704 \end{array}$$
④
$$\begin{array}{r} 7 \\ \times\ 84 \\ \hline 28 \\ 56 \\ \hline 588 \end{array}$$

2
①
$$\begin{array}{r} 87 \\ \times\ 20 \\ \hline 00 \\ 174 \\ \hline 1740 \end{array}$$
②
$$\begin{array}{r} 99 \\ \times\ 30 \\ \hline 00 \\ 297 \\ \hline 2970 \end{array}$$
③
$$\begin{array}{r} 66 \\ \times\ 70 \\ \hline 00 \\ 462 \\ \hline 4620 \end{array}$$
④
$$\begin{array}{r} 48 \\ \times\ 50 \\ \hline 00 \\ 240 \\ \hline 2400 \end{array}$$

3
①
$$\begin{array}{r} 123 \\ \times\ 53 \\ \hline 369 \\ 615 \\ \hline 6519 \end{array}$$
②
$$\begin{array}{r} 282 \\ \times\ 63 \\ \hline 846 \\ 1692 \\ \hline 17766 \end{array}$$
③
$$\begin{array}{r} 491 \\ \times\ 42 \\ \hline 982 \\ 1964 \\ \hline 20622 \end{array}$$

P55　45　2けたをかける筆算4

1
①
$$\begin{array}{r} 315 \\ \times\ 53 \\ \hline 945 \\ 1575 \\ \hline 16695 \end{array}$$
②
$$\begin{array}{r} 282 \\ \times\ 63 \\ \hline 846 \\ 1692 \\ \hline 17766 \end{array}$$
③
$$\begin{array}{r} 491 \\ \times\ 42 \\ \hline 982 \\ 1964 \\ \hline 20622 \end{array}$$

2
①
$$\begin{array}{r} 578 \\ \times\ 43 \\ \hline 1734 \\ 2312 \\ \hline 24854 \end{array}$$
②
$$\begin{array}{r} 684 \\ \times\ 72 \\ \hline 1368 \\ 4788 \\ \hline 49248 \end{array}$$
③
$$\begin{array}{r} 986 \\ \times\ 64 \\ \hline 3944 \\ 5916 \\ \hline 63104 \end{array}$$

3
①
$$\begin{array}{r} 603 \\ \times\ 54 \\ \hline 2412 \\ 3015 \\ \hline 32562 \end{array}$$
②
$$\begin{array}{r} 950 \\ \times\ 78 \\ \hline 7600 \\ 6650 \\ \hline 74100 \end{array}$$
③
$$\begin{array}{r} 800 \\ \times\ 82 \\ \hline 1600 \\ 6400 \\ \hline 65600 \end{array}$$

三角形と角

> 線で囲む三角形（中空）と、紙を切ってつくる三角形（中実）の両方を扱いましょう。角の大きさは、線の長さや紙の広さとは無関係です。

P56　46　三角形と角1
1 ①イウエ／②オクケ／③二等辺三角形／④正三角形
2 ①ウ／②オ・カ

P57　47　三角形と角2
1 ①-❷／②-❶
2
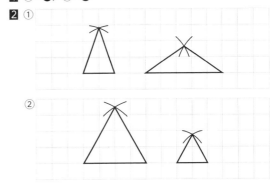
①
②

表とぼうグラフ

> 好きな給食調べでは、1つのカードを2回数えないことと、数え抜かすカードがないことが大事です。

P58　48　表とぼうグラフ
1 ①12L／②18dL／③15m／④90cm／⑤700円

2
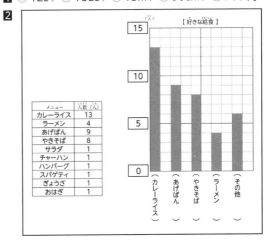

メニュー	人数（人）
カレーライス	13
ラーメン	4
あげぱん	9
やきそば	8
サラダ	1
チャーハン	1
ハンバーグ	1
スパゲティ	1
ぎょうざ	1
おはぎ	1

● プロフィール ●

岩村繁夫 （いわむら しげお）

東京の公立小学校に勤めて今年度（2023）で49年目。数学教育協議会に所属。現在も1週間に20時間の算数の授業を担当しており、教材創りや教育のあり方などについて全国の先生方と意見交流を続けています。

著書

『算数の本質がわかる授業⑤ いろいろな量』（日本標準）、『いきいき算数4年の授業』『いきいき算数プリント4年』（ひまわり社）、『比例の発見』（太郎次郎社）

主な共著

『数と図形のせかい』（玉川出版局）、『どうしたら算数ができるようになるか』（日本評論社）、『子どもがよろこぶ算数活動1年～6年』（国土社）、『5分の準備でクイック算数遊び＆パズル』『つまずき解消！クイック算数上達法』（いかだ社）

イラスト●やまね あつし
編集●内田直子

すきま時間にできる！ 楽しい算数ワーク【小学3年生】

2023年3月12日　第1刷発行

著　者●岩村繁夫
発行人●新沼光太郎
発行所●株式会社いかだ社
　　　　〒102-0072　東京都千代田区飯田橋2-4-10　加島ビル
　　　　Tel.03-3234-5365　Fax.03-3234-5308
　　　　E-mail　info@ikadasha.jp
　　　　ホームページ URL　http://www.ikadasha.jp/
　　　　振替・00130-2-572993
印刷・製本　モリモト印刷株式会社

Shigeo IWAMURA. 2023 ©
Printed in Japan　　ISBN978-4-87051-587-1